# 우리 함께 살아요

## 동식물과 인간이 어우러지는 행복한 삶의 방식

Copyright 2021. by Editions Nathan, SEJER, Paris-France.
Original edition: HEROIQUES
Written in French by Eric Mathivet, illustrated by Marlène Normand
Translation copyright © 2022, Mustb.
This edition was published by arrangement with Icarias Agency. All right reserved.

이 책의 한국어판 저작권은 Icarias Agency를 통해
Editions Nathan과 독점 계약한 도서출판 머스트비에 있습니다.
저작권법에 의해 한국 내에서 보호를 받는 저작물이므로 무단전재와 복제를 금합니다.

# 우리 함께 살아요
동식물과 인간이 어우러지는 행복한 삶의 방식

초판 1쇄 발행 2023년 3월 15일    초판 2쇄 발행 2024년 1월 10일

글 에릭 마티베  |  그림 마를렌 노르망드  |  옮김 지연리  |  펴냄 박진영  |  편집 김윤정  |  디자인 새와나무
펴낸곳 머스트비  |  등록 2012년 9월 6일 제406-2012-000154호
주소 경기도 파주시 심학산로 12 303호
전화 031-902-0091  |  팩스 031-902-0920  |  이메일 mustb0091@naver.com

ISBN 979-11-6034-184-3 73470

| 품명: 우리 함께 살아요 | 제조자명: 머스트비 | 주소: 경기도 파주시 심학산로 12 303호 |
| 연락처: 031-902-0091 | 제조년월: 2023년 3월 | 제조국: 대한민국 | 사용연령: 8세 이상 |
| 취급상 주의사항 | 종이에 베이지 않도록 주의하세요. 책의 모서리가 날카로우니 던지거나 |
| 떨어뜨려 다치지 않도록 주의하세요. KC마크는 이 제품이 공통안전기준에 적합하였음을 |
| 의미합니다. |

# 우리 함께 살아요
## 동식물과 인간이 어우러지는 행복한 삶의 방식

에릭 마티베 글 · 마를렌 노르망드 그림
지연리 옮김

# 차례

## 1. 영감을 주는 동물들

**꿀벌**
유대감으로 똘똘 뭉친 공동체 ·················· 9

**아카시아와 개미**
유익한 공생 관계 ·················· 15

**오소리**
환영의 대가 ·················· 21

**개**
털북숭이 영웅 ·················· 27

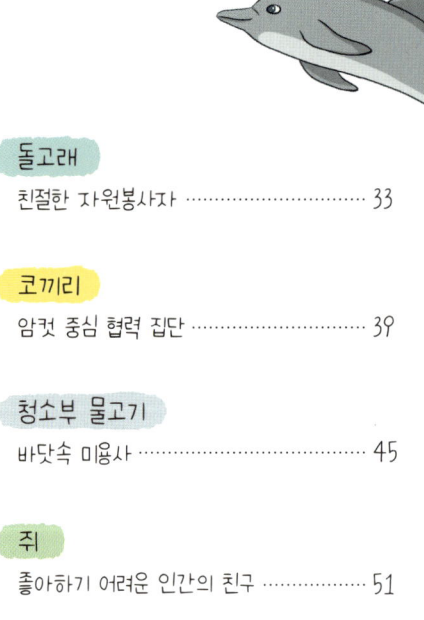

**돌고래**
친절한 자원봉사자 ·················· 33

**코끼리**
암컷 중심 협력 집단 ·················· 39

**청소부 물고기**
바닷속 미용사 ·················· 45

**쥐**
좋아하기 어려운 인간의 친구 ·················· 51

## 2. 영감을 주는 인물들

### 알렉산더 폰 훔볼트
인도주의 탐험가 ································· 57

### 존 뮤어
미국 최초의 환경학자 ························· 63

### 테오도르 모노
사하라를 사랑한 사람 ························· 69

### 폴 에밀 빅토르
북극 사람들의 친구 ···························· 75

### 데이비드 애튼버러 경
영국의 자연학자 ································ 81

### 다이앤 포시
고릴라를 사랑한 동물학자 ················ 87

### 제인 구달
침팬지의 어머니 ································ 93

### 폴 왓슨
환경 운동가 ······································· 99

## 3. 삶을 바친 사람들

### 반다나 시바
레지스탕스 운동의 씨앗 ···················· 105

### 캐서린 테일러
그린피스 초기 활동가 ························ 111

### 브누아 비토
자연 농부 ··········································· 117

### 클레르 누비앙
심해 생물 지킴이 ······························· 123

### 브라이언 폰 헤르젠
거대 해조류를 가꾸는 과학자 ············ 129

### 롭 그린필드
자발적 단순주의자 ····························· 135

### 페트로넬라 치굼부라
코끼리를 위한 전사 ··························· 141

### 보얀 슬랫
해양 청소부 ······································· 147

## 왜 우리는 자연과 생명을 존중하고 지켜야 할까요?
## 왜 서로 돕고 지지해야 할까요?

우리 자신이 좋은 사람이라고 보여 주기 위해서가 아니에요!
모두의 생존을 위해 필요한 일이죠.
서로 도움을 주고받으며 살아가는 삶의 방식은
우리가 상상할 수 없을 만큼 널리 퍼져 있어요.
생명 세계는 포식자와 먹잇감, 기생충으로만 이뤄지지 않아요.
지구에는 경쟁보다는 협력 관계에 있는
훨씬 더 많은 생명체가 있어요.
식물도 이 거대한 협력 집단에서 중요한 역할을 하지요.

돌고래와 개는 다른 종을 돕는 걸로 잘 알려져 있어요.
그런데 벌과 개미도 협력하며 살아가요.
심지어 쥐와 오소리도 각자 특성에 맞게 서로 도우며 살아가죠.

이 책에서 소개하는 영웅 스물넷 중에는
유명한 존재도 있고 그렇지 않은 존재도 있어요.
하지만 이들 모두 다른 생명을 받아들이고,
지구를 보호하며, 더 나은 삶을 위해 헌신합니다.
이로써 우리가 사는 세상을 하나로 연결하고,
더 밝고 지속 가능한 세상이 되게 합니다.

# 1
# 영감을 주는 동물들

# 꿀벌
## 유대감으로 똘똘 뭉친 공동체

## 장수말벌을 향한 일본 꿀벌의 반격

벌집 하나에는 수만 마리의 꿀벌이 사는데,
여름에는 벌들이 벌집 주위를 날아다니며 와글거립니다.
꿀벌은 약탈자를 조심하며 꽃과 벌집 사이를 오가고,
적에게 독침을 쏴서 알을 보호합니다.
하지만 이들의 방어는 몇몇 새와 대형 곤충,
특히 장수말벌에게는 효과가 없습니다.
현재 유럽에서는 장수말벌 때문에 피해가 크지만,
일본에서는 꿀벌들이 힘을 합해 말벌의 침략에 맞서고 있습니다.

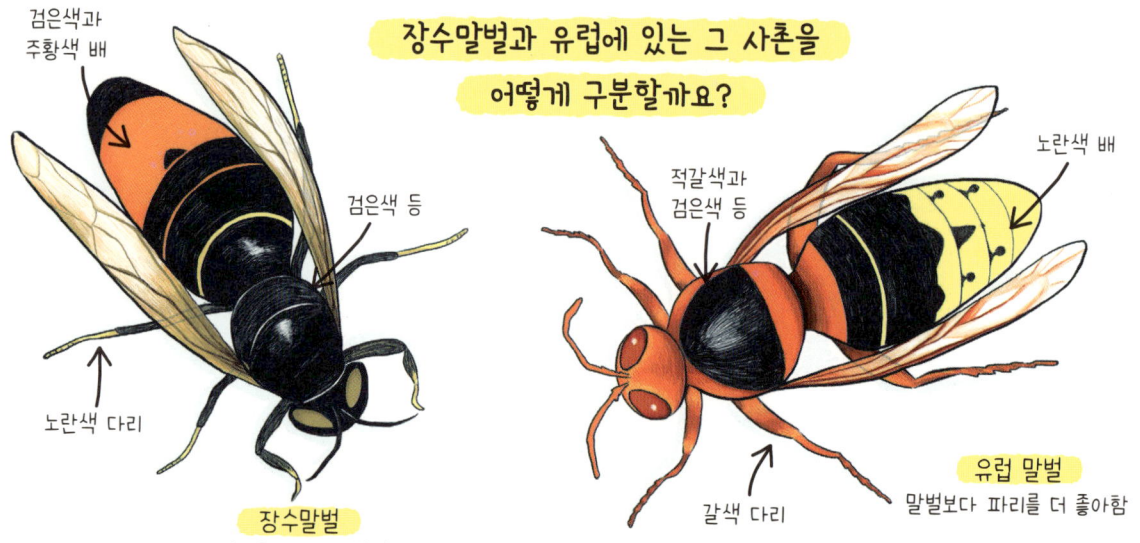

# 꿀벌과 개미, 고래의 상부상조!

### 꿀벌의 춤

꿀벌은 복잡한 정보를 전달해 서로를 돕습니다. 예를 들어, 방금 꽃에서 달콤한 꿀을 모은 꿀벌은 춤을 춰서 동료들이 꿀을 얻을 만한 꽃을 찾게 합니다. 과학자 칼 폰 프리슈는 꿀벌의 춤을 해석해서 1973년에 노벨 생리의학상을 받았습니다.

천천히 좀 춰. 오른쪽인지 왼쪽인지 모르겠어.

### 용감한 개미들의 단결

병정개미는 자신들의 집단을 지키기 위해서라면 어떤 희생도 마다하지 않습니다. 몇몇 열대 종은 서로 몸을 이어서 잎사귀나 나뭇가지 사이에 다리를 놓아, 다른 동료들이 편안하게 지나가도록 돕습니다.

조제트, 다이어트 좀 하지 그래!

### 거품 사냥과 단체 사냥!

우리는 암사자와 다른 육식 동물이 힘을 합해 집단으로 사냥한다는 사실을 압니다. 그런데 돌고래와 고래도 그렇게 합니다! 이 똑똑한 고래들은 소리를 질러서 그물처럼 촘촘한 기포 장막 안으로 물고기 떼를 몰아넣습니다. 그리고 장막 안에 갇힌 죄수들을 삼켜 버립니다.

↑ 빠져나가기 어려운 기포 장막

# 아카시아와 개미
## 유익한 공생 관계

# 식물과 동물 사이에는 서로에게 유익한 또 다른 협력 관계가 있습니다.

## 꽃과 일벌

많은 꽃이 암컷과 수컷으로 나뉘며, 암수 모두 꽃가루를 만듭니다. 그런데 번식이 효율적으로 이루어지려면 이 꽃가루가 다른 꽃가루에 도달해야 합니다. 이때 꿀벌과 일벌, 나비가 꽃의 번식에 끼어듭니다. 꽃에 이끌려 꿀을 마시는 동안 벌과 나비는 온몸에 꽃가루를 묻히고, 이 꽃에서 저 꽃으로 이동해 꽃의 번식을 돕습니다. 벌새처럼 꿀을 먹는 새들과 꿀을 먹는 박쥐도 마찬가지입니다.

## 분홍 = 있어! 파랑 = 더는 없어!

지치는 작은 풀입니다. 지치 꽃은 필 때는 분홍색이었다가 파란색으로 변합니다. 이 꽃의 꿀을 먹는 곤충들은 분홍색 꽃일 때를 더 좋아하는데, 과즙과 꽃가루가 훨씬 많기 때문입니다. 벌들이 오가며 꽃의 번식을 돕는 시기가 바로 이때입니다. 하지만 꽃이 파란색으로 변하면 곤충들은 과즙이 적어졌음을 알고 애써 찾아가지 않습니다!

## 산호 속의 미세 조류

황갈색의 미세 조류는 산호를 비롯한 그 밖의 다른 해양 생물 속에서 서식합니다. 숙소 안에서 이들은 이산화탄소와 집주인이 떨어뜨리는 폐기물을 먹고 살아가며, 그 대가로 집주인에게 산소와 당, 단백질을 공급합니다. 따라서 산호가 미세 조류를 잃으면 하얗게 변해서 죽게 됩니다.

# 오소리
## 환영의 대가

# 오소리는 위대한 건축가이자 환영의 대가입니다!

유럽 숲에 사는 오소리는 낮에는 눈에 띄지 않다가, 밤이 되면 먹이를 찾아 밖으로 나갑니다.
오소리는 긴 양말을 신은 듯한 다리에, 작은 머리, 커다란 몸을 가졌고,
땅 파는 분야에서 전문 기술자입니다. 이들이 판 굴은 넓고, 편안하며, 항상 깨끗합니다.
오소리들이 판 굴은 숲에서 살기 좋은 곳으로 매우 유명합니다.
그래서 다른 동물들이 종종 오소리의 굴을 찾아옵니다.

# 또 다른 행복한 동거인들

### 네 집이 내 집, 클라운피시와 아네모네

클라운피시는 바다 아네모네 틈에서 사는데, 아네모네의 치명적인 촉수 사이로 안전하게 들어갈 수 있는 유일한 종입니다.

### 딱따구리가 파 놓은 구멍 이용하기!

딱따구리는 숲속 죽은 나무에 구멍을 파고 알을 낳아 숨깁니다. 딱따구리가 떠나고 나면 박새, 올빼미, 장미목도리앵무, 심지어 다람쥐까지 여러 동물이 차례로 그 구멍에 들어가 삽니다.

### 무료 교통수단, 상어와 빨판상어

약삭빠른 몇몇 생물은 자기보다 더 큰 생물에 붙어서 이동합니다.
바다 아네모네는 게의 등에 붙어 이동합니다.
빨판상어와 빨판이 달린 물고기들은 주저하지 않고 세상에서 제일 사나운 상어 몸에 붙습니다.

# 개
## 털북숭이 영웅

# 개는 실종자를 찾고, 질병을 감지하고, 때로는 다른 생명을 구합니다!

지진과 눈사태, 난파 현장에서 조난자들을 누가 구할까요? 바로 개입니다!
재난에 처한 사람들을 구조하는 데 개보다 더 나은 존재는 없습니다!
구조견은 아무것도 두려워하지 않습니다.
개는 조난자가 내는 아주 작은 소리도 들을 수 있고,
후각에 기대어 부상자를 찾아냅니다.
미세한 냄새도 감지하는 개의 능력은
질병을 일찍 발견해서 치료하도록 돕는 데 쓰이기도 합니다.

## 자산 3번
## 불굴의 몸

육지와 바다에서 위험에 처한 이들을 구조하려면, 유연성과 힘, 강한 지구력이 필요합니다. 더군다나 구조견이라는 직업은 매우 위험해서, 큰 용기는 필수입니다.

뷰세론 / 뉴펀들랜드 / 래브라도 / 독일셰퍼드 / 말리노이즈 / 골든레트리버

구조견은 아주 어린 나이부터 자기가 믿고 따르는 주인에게서 훈련받습니다. 구조견에게는 임무를 이해하고, 냄새를 추적해 신호를 발견하고, 누군가를 구조하는 일이 놀이가 됩니다. 말 그대로 생명을 구하는 게임을 하는 셈입니다!

어떤 구조견은 바다에서 구조 작업을 펼칩니다. 뉴펀들랜드와 골든레트리버, 래브라도가 해양 전문 구조 대원에 속합니다. 이들은 훌륭한 수영 선수로, 혼자서도 조난자를 구할 만큼 힘이 셉니다.

예전에는 산악 지역에서 덩치가 큰 세인트버나드를 구조견으로 썼습니다. 그러나 요즘 독일, 스위스, 프랑스에서는 양치기 개처럼 체중이 가볍고 날렵한 개를 더 좋아합니다.

각종 질병은 특유의 냄새를 풍기는데, 개는 이 냄새를 감지할 수 있습니다. 어떤 암은 사람이 통증을 느끼기도 전에 개가 먼저 발견합니다. 감기와 코로나19도 그렇습니다.

# 삶의 반려자들

### 안내견과 보조견

안내견은 늘 시각장애인의 곁에서 맡은 바 임무를 다하고, 보조견은 신체 혹은 정신에 장애가 있는 사람들을 돕습니다. 이 개들은 침착하고 인내심이 크며 사려가 깊습니다. 자기 주인과 의사를 주고받으며, 주인이 필요로 하는 것이라면 작은 부분까지도 채워 줄 수 있도록 훈련받습니다.

### 지뢰 탐지견

지뢰는 전쟁 중에 묻힌 폭탄으로, 밟으면 폭발합니다. 전쟁이 끝난 후 폭발하지 않고 땅속에 남은 지뢰는, 여전히 누군가의 목숨을 앗아가거나 장애를 갖게 합니다. 캄보디아와 아프가니스탄 같은 몇몇 국가에는 땅에 묻힌 지뢰가 아직도 수백만 개나 됩니다! 탐지견은 이 지뢰를 찾아 효과적으로 제거하는 데 큰 도움이 됩니다.

### 가르릉 소리의 힘

개는 애정을 표현하며 인간에게 위안을 줍니다. 그런데 애교라면 절대 뒤지지 않는 한 경쟁자가 있습니다. 바로 고양이입니다! 고양이는 우리의 기분을 진정시킬 확실한 방법을 압니다. 고양이가 내는 가르릉 소리는 깊이 잠들게 하고, 혈압을 정상으로 만들며, 마음과 상처의 치유에도 도움이 됩니다. 이를 '골골송 요법'이라고 합니다!

# 돌고래
## 친절한 자원봉사자

돌고래는 평판이 매우 좋습니다.
그런데 돌고래가 정말 다정할까요?
정답은 '예'입니다!

이 해양 육식 동물은 우리보다 힘이 세지만, 인간을 위협하지
않습니다. 인간이 그들에게 고통을 줘도 마찬가지입니다!
돌고래는 대부분 무리를 지어 생활합니다.
집단생활을 하며 같이 놀고, 껴안고, 서로 돕습니다.
다른 무리 속 돌고래든, 바다표범이든, 심지어 수영하는 사람이나 선원조차,
누구든지 도움을 청하면 주저하지 않고 구해 줍니다.

돌고래는 누가 뭐래도 타고난 장난꾸러기입니다. 얼마나 장난이 심한지, 배가 지나간 자취를 따라다니며 재주를 부리기도 합니다.

"히히! 거품 때문에 간지러워!"

"이제 바다표범의 수염을 잡아당기러 가자!"

큰돌고래는 돌고래 중 가장 유명한 종입니다.

↙ 늘 미소 짓는 얼굴이 매우 매력 있음

## 빠르고 힘센 수영 선수

"나는 귀엽고 훌륭한 사냥꾼이지!"

큰돌고래는 포식자이지만, 다른 포유류를 공격하는 일은 매우 드뭅니다.

"돌고래들이 물고기를 몰아왔네. 먹자."

하지만 어딘가에 갇히면 스트레스를 받아서, 다른 돌고래를 깨물거나 때려서 다치게 하는 일이 종종 일어납니다.

"여기서 나가게 해 줘!"

## 언제나 하나로 뭉치는 집단

고래의 집단생활은 사냥과 포식자에 맞서 서로 돕는 데에 유리합니다. 거두고래(이마 가운데가 볼록 나온 돌고래)와 같은 돌고래는 무리 속 한 마리가 해안으로 떠밀려 올라오면, 모두 같이 행동합니다.

"살아도 죽어도 영원히 같이 있자, 장 미셸."

"너 없이는 아무것도 의미 없어."

"넌 우리 무리에서 제일 웃겨."

집단 내에서는 서로서로 도와줍니다. 엄마 돌고래가 새끼를 다른 암컷에게 맡기면, 이 돌고래는 엄마나 자매, 숙모 혹은 친구들의 도움을 받아 새끼 돌고래가 수면 위로 올라가 첫 번째 호흡을 하게 합니다!

좋아, 마를렌느, 넌 쉬어! 우리가 아기를 돌볼게!

아줌마랑 같이 가, 아가야.

돌고래는 조난에 민감해서 무리를 정비해 가장 연약한 돌고래를 돕습니다. 예를 들어, 무리 중 하나가 질병에 걸려 몸이 쇠약해지면, 아픈 돌고래가 수면 위에서 숨을 쉴 수 있도록 모두 아래에서 몸을 떠받쳐 줍니다.

르네, 우리가 의사를 찾아올게!

돌고래도 때로는 도움을 요청합니다! 이 잠수부는 줄무늬 가오리를 보러 왔다가 암컷 돌고래 한 마리가 다가오는 것을 보았습니다. 돌고래의 지느러미는 그물에 걸려 있었습니다.

가오리야, 너희에게 부탁한 게 아니야.

맞아, 우리는 손이 야무지지 않아.

## 복수심이 강하지 않은 종

우리, 평화롭게 지낼 거지?

매년 돌고래들이 그물에 걸려 죽습니다. 어떤 돌고래는 일본을 비롯한 여러 나라에서 고기를 얻으려는 이들의 손에 죽임을 당합니다. 그런데도 인간에 맞서 야만적이거나 공격적으로 변하지 않습니다.

페르난드 삼촌을 다치게 한 게 저놈이지, 아냐?

그래도 앙심을 품어서는 안 돼!

# 멋진 고래들!

### 양부모 향유고래

장애가 있는 돌고래를 입양하는 향유고래 같은 좋은 돌고래에게 큰 의지가 됩니다. 척추가 기형인 돌고래는 수영하기가 어렵지만, 향유고래에게는 좋은 놀이 친구입니다.

### 범고래 학교

범고래는 주둥이가 길지는 않지만, 돌고랫과에 속합니다. 범고래는 물고기, 고래, 바다표범, 펭귄과 돌고래까지 잡아먹지만, 모범적인 부모입니다. 범고래 가족은 암컷을 중심으로 단단하게 뭉쳐 있습니다. 갓 태어난 어린 범고래는 몇 년에 걸쳐 무리 속에서 교육을 받는데, 사냥에 필요한 특정 기술을 배웁니다.

# 코끼리
## 암컷 중심 협력 집단

코끼리는 지혜롭고 가족 간 유대감이 강하며,
모계 사회 중심 동물 가족의 본보기입니다.

우리가 코끼리를 가장 좋아하는 동물 중 하나로 꼽는 이유는
몸집은 거대하지만 평화로워 보이기 때문입니다.
코끼리는 위협을 느낄 때만 공격적으로 바뀝니다.

수유는 3~4년 동안 계속되고, 그동안 새끼 코끼리는 어미 곁에 머뭅니다. 어미 코끼리는 새끼를 밤새워 지키고, 코끼리들이 어떻게 서로 관계를 맺고 돕는지 가르쳐 줍니다.

수컷은 번식할 나이가 되면 무리를 떠납니다.

무리를 나온 수컷 코끼리는 혼자 지내거나, 잠시 다른 수컷과 함께 지내기도 합니다.

수컷 코끼리는 경쟁자와 겨뤄서 암컷을 유혹할 수 있을 만큼 충분히 크고 강해지기를 기다립니다.

코끼리들이 협력한다는 사실을 알게 된 것은 최근입니다. 한 영국인이 체험을 통해, 아시아코끼리가 혼자서는 도저히 할 수 없는 임무를 완수하기 위해 다른 코끼리와 협력한다는 사실을 알아냈습니다.

만약 두 코끼리 중 한 마리가 먼저 밧줄을 잡아당길 준비가 되면, 다른 코끼리가 준비되기를 기다립니다. 이 일이 반드시 2인 1조로 이루어져야 한다는 사실을 알기 때문입니다.

# 숲의 거인

아프리카 숲 코끼리는 작은 무리를 이루어 생활합니다. 이 무리는 보통 한두 마리의 암컷과 두세 마리의 어린 코끼리로 이루어집니다. 이들 코끼리 한 마리가 먹는 먹이의 양은 코끼리 네 마리를 합친 크기만큼 많습니다! 이들은 엄청난 양의 과일과 나뭇잎, 껍질을 집어삼키고, 수많은 작은 떨기나무를 파괴합니다. 그런데도 숲은 쇠락해지는 대신 더욱더 무성해집니다. 코끼리가 몇몇 나무를 없애기는 하지만, 삼킨 씨앗이 위장을 통과하는 동안 발아할 준비를 하므로 오히려 다른 나무의 성장을 촉진하기 때문입니다.

# 청소부 물고기
## 바닷속 미용사

# 암초 속 미용 연구소

물고기의 삶이 언제나 평온한 것은 아닙니다.
포식자 외에도 기생충이 몸에 들러붙어 살기 때문입니다. 작은 벌레와 갑각류도 기생충처럼 물고기의 피부에 달라붙으며, 어떤 침입자는 지느러미에도 달라붙습니다.
하지만 물고기는 이러한 침입자를 제거하는 청소부를 찾아갈 수 있고, 청소부는 물고기에 들러붙은 침입자를 없애서 물고기가 아름다움과 건강을 되찾게 합니다.

청소부 물고기는 바다와 강, 호수 등 어디서나 활동합니다. 모두 정해진 곳에 모여 무리를 이루는데, 이것을 '청소스테이션'이라고 부릅니다. 산호초 안의 청소스테이션은 눈에 매우 잘 띕니다.

이 장소는 매우 유명해서 서로 다른 성격을 가진 크고 작은 물고기 모두가 즐겨 찾습니다.

병원에서처럼, 순서를 기다려야 하는 때도 있습니다.

청소를 마친 물고기는 서두르지 않습니다. 청소부를 불안하게 하지 않기 위해서입니다. 유유히 헤엄치며 다른 물고기들에게 청소부가 잠시 쉬어야 한다고 확실하게 알려 줍니다.

## 상어도 관리를 받으러 와요!

상어는 청소부가 피부를 살짝 깨물거나 아가미의 갈라진 틈으로 들어와도 가만히 있습니다.

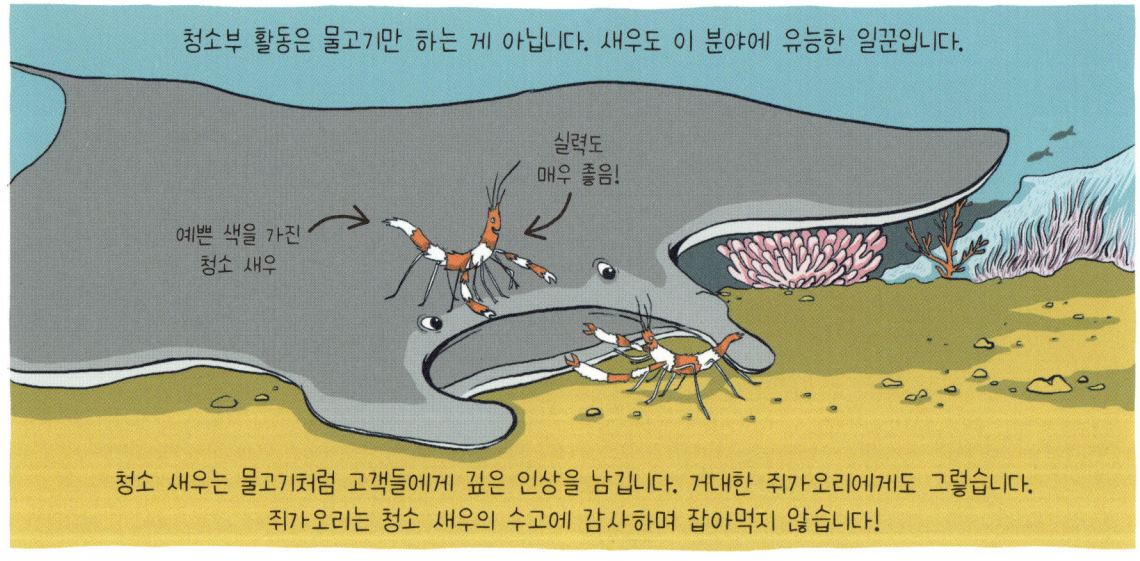

# 집 청소 장면

> 누가 집을 청소할까요?

청소부는 물고기의 치장을 돕습니다. 그러면 바닥 청소는 누가 할까요? 게, 연체동물, 벌레와 그 밖의 '하위 생물'이 바닥에 떨어진 것을 처리합니다. 여기에는 해삼도 있습니다. 튜브처럼 생긴 해삼은 쓰레기를 빨아들여서 먹습니다.

> 발을 위한 닥터 피시

어떤 피부 샵에서는 작은 물고기들이 헤엄치는 미지근한 물속에 발을 넣습니다. 그러면 물고기들이 다가와 각질을 빨아먹는데, 이내 발이 상쾌해지고 피부가 부드러워집니다.

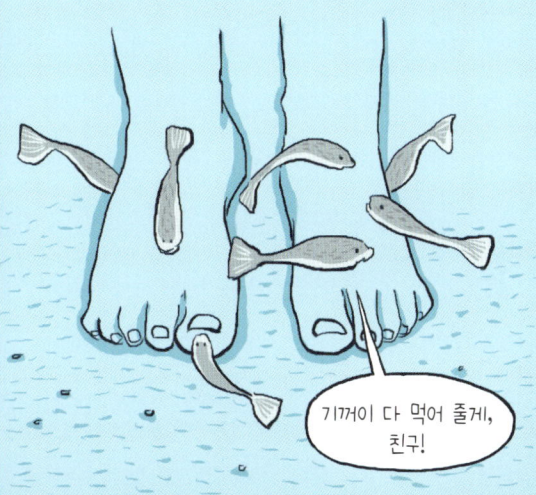

> 가짜 청소부!

물고기는 청소부로 일하는 종을 알아보므로, 청소부가 자신의 비늘을 조금씩 갉아 먹어도 못 본 척 합니다. 그런데 이 중에는 청소부와 매우 닮은 사기꾼도 있습니다. 사기꾼은 청소하는 대신 피부 조각을 물어뜯습니다!

# 쥐
## 좋아하기 어려운 인간의 친구

지하 세계에서, 쥐는 뛰어난 지능과
끈끈한 연대감으로 유명합니다.

쥐는 인기가 없습니다. 쥐는 인간의 식량을 갉아 먹고, 훼손하고,
부식시켜 더럽히며, 구멍을 뚫어 놓습니다. 또한 질병을 옮기기도 합니다.
그래서 우리는 쥐를 완전히 없앨 방법을 찾습니다.
한편, 연구실에서는 과학을 구실로 쥐에게 고통을 줍니다.
하지만 쥐는 매일 엄청난 양의 쓰레기를 없애서 인간에게 이로운 영향을 끼칩니다.
이 세상에 쥐가 없다면, 하수구는 쓰레기로 넘치고 말 것입니다!

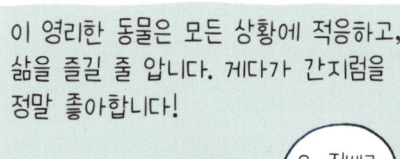

# 탁월한 후각!

## 목줄을 한 쥐 혹은 지뢰를 찾는 쥐

다행히도, 모든 인간이 쥐를 싫어하지는 않습니다. 쥐는 매우 다정한 동물이기 때문입니다. 게다가 쥐는 아주 예민한 후각 덕분에 개 대신 경찰 쥐로 활동하기도 하고, 땅에 묻힌 폭발물을 찾아내기도 합니다.

## 생쥐 보육원

다른 쥐처럼 생쥐도 인간의 주거지와 가까운 곳에 살며 실험동물로 이용됩니다. 특히 흰색 털을 가진 생쥐가 그렇습니다. 생쥐는 암컷 두 마리가 동시에 임신하면 모여서 함께 새끼를 키웁니다.

됐다, 이제 아기들에게 다 먹인 거지?

응, 그런데 누가 내 아이고 네 아인지 모르겠어. 어쩔 수 없겠지?

## 도시 쥐와 시골 쥐

검은 쥐는 자기보다 큰 갈색 쥐에게 잡아 먹히기 전에는 도시에서 살았습니다. 이후 검은 쥐는 시골에서 살기 시작했고, 이때부터 '시골 쥐'라는 이름이 붙었습니다. 검은 쥐는 갈색 쥐보다 까다로워서 지하실이나 하수구보다 다락방과 헛간을 더 좋아합니다.

유기농을 좋아함

특정 지역 안에서만 볼 수 있음

시골 쥐

# 2
# 영감을 주는 인물들

# 알렉산더 폰 훔볼트
## 인도주의 탐험가
## (1769~1859)

## 자연과 자유를 사랑하는 사람

위대한 과학자이자 대담한 탐험가, 알렉산더 폰 훔볼트는 인류가 인정하는 모범적 인물입니다.
알렉산더가 살던 1800년대에는 유럽인들이 남미를 식민지로 삼았습니다.
알렉산더는 식물학자 및 아이메 본플란드와 더불어 식민지의
자연과 민족에 큰 관심을 기울였고, 보다 정의로운 세상을 꿈꾸었습니다.
알렉산더가 한 여행과 과학적 사고는 동시대의 젊은 학자들에게 많은 영감을 주었습니다.

이들의 여정은 남아메리카와 여러 섬을 거쳐 미국에 이르기까지 5년간 지속됩니다.
알렉산더와 아이메는 몽블랑보다도 더 높은 화산에 오르고, 알려지지 않은 식물을 채집하고,
미지의 강을 따라 여행하며 미국을 다시 발견합니다!

두 사람은 스페인의 식민지였던 아메리카 대륙에 살던 사람들과 시장에서 거래되던 아프리카 노예들을 보게 됩니다.
그 모습을 보고, 알렉산더는 이들이 언젠가는 유럽의 식민지 개척자들로부터 자유로워질 거라고 굳게 믿었습니다.

여행을 마치고, 알렉산더는 아이메와 함께한 여행은 물론 나중에 혼자서 혹은 다른 학자들과 한 여행에서 겪은 일을 글로 옮겼습니다.

여행은 젊을 때 하고, 여행기는 늙어서 쓰는 거야!

알렉산더는 그 시대의 위대한 탐험가입니다. 실제로 아메리카에 대한 해박한 그의 글은 과학 분야의 중요한 자료입니다.

루이! 밥 먹어!

곧 갈게요, 엄마!

## 알렉산더의 유산

### 알렉산더 폰 훔볼트 재단

훔볼트가 사망한 이후, 독일 정부는 경의를 표하며 그의 이름을 넣은 재단을 만들었습니다.
이 재단은 전 세계 과학자에게 자본을 대 주고, 그들이 독일에 와서 공부하며 연구할 수 있도록 돕고 있습니다.

### 다윈의 모델

위대한 찰스 다윈은 훔볼트의 추종자였습니다. 훔볼트 덕분에 다윈은 모든 자연이 서로 연결되어 있음을 이해하게 되었습니다. 이후 다윈은 30년간 여행하며 수많은 것을 관찰하고, 이것을 바탕으로 진화론을 발전시켰습니다.

### '훔볼트와 본플란드'의 식물도감

식물도감에는 아이메 본플란드와 알렉산더 폰 훔볼트가 모은 여러 식물과 그들이 남긴 데생 및 크로키가 들어 있습니다. 이들이 종이 사이에 끼워서 말린 식물 표본과 그림으로 묘사한 식물군은 매우 다채롭습니다.

# 존 뮤어
## 미국 최초의 환경학자
### (1838~1914)

1890년, 존 뮤어는 이미 자연이
인간의 활동으로 멸종될 위기에 처했으며
보호되어야 한다는 사실을 알았습니다!

이 야생 골짜기가 저속한 양 떼 방목장으로 바뀌게 하지 않을 거야!

19세기에 사람들은 모두 자연을 우리가 마음대로
사용할 수 있는 무궁무진한 자원이라고 생각했습니다.
그러나 존 뮤어는 다른 이들과 달리
자연을 보호해야 할 대상이라고 생각하고,
미국의 야생 공간이 유지될 수 있도록
투쟁하는 데 자신의 전 생애를 바쳤습니다.
또한 루스벨트 대통령을 설득해서
지지를 얻는 데 성공했습니다.

젊은 시절, 존은 위스콘신주의 한 대학에서 식물학을 공부했습니다.

그때 존의 자연에 관한 관심과 모험에의 호기심이 탄생했습니다.

존에게 자연과 동떨어진 삶이란 불가능해서, 공부를 더 하러 떠나기로 마음먹습니다.

하지만 안타깝게도 존은 병을 얻어 서부로 가서 치료를 받게 되고, 그리고 캘리포니아에서 시에라네바다 산맥을 발견합니다.

열정적인 자연학자인 존은 바위, 하천, 숲, 동물 등 눈에 보이는 모든 것을 연구했습니다.

이 연구를 통해 존은 자연이 여느 예술 작품 못지않게 아름다우며, 보전되어야 한다는 사실을 깨달았습니다.

목동에서 노동자가, 노동자에서 기술자가 된 존은 요세미티 계곡에 온 정열을 쏟아부었습니다.

그리고 인간이 요세미티 계곡에 정착해 개발을 시작한다면, 결국 계곡의 균형이 깨지고 말 거라고 생각했습니다.

> "자연의 실 한 가닥을 잡아당기면,
> 우리는 남은 세계가 이 실 끝에
> 연결되어 있음을 알게 된다."

### 모험 서적

존 뮤어는 자신의 여행 이야기를 책으로 썼습니다. 이 책에는 산악 활동은 물론 자연 보호의 필요성에 관한 존의 생각이 잘 드러납니다. 오늘날에도 존 뮤어의 책은 미국에서 많이 읽히고 있습니다!

### 환경 보호 협회

1892년, 존은 자원봉사자들을 모집해서 미국과 전 세계의 야생 환경을 보호하는 최초의 조직인 시에라 클럽을 만들었습니다. 시에라 클럽은 지금도 왕성하게 활동 중입니다!

#### 시에라 클럽의 목표

1. 탐사 및 야생 공간 보호
2. 생태계와 자원의 책임 있는 사용
3. 환경의 가치에 대한 교육
4. 가능한 합법적인 모든 방법을 통한 목적 달성

### 존 뮤어 등산로

이 위대한 인물을 기리기 위해 요세미티 계곡, 시에라네바다 산맥, 그리고 세쿼이아 숲 사이에 존의 이름을 딴 3백 킬로미터가 넘는 등산로가 만들어졌습니다.

- 총길이: 354km
- 표고 차: 14
- 소요 시간: 2~3주
- 진입로: 9개

# 테오도르 모노
## 사하라를 사랑한 사람
(1902~2000)

# "사막은 모험이다!"

> 나를 다시 발견하기 위해 사막에서 길을 잃을 것이다!

테오도르 모노는 20세기에 사막을 가장 사랑한 사람 중 하나입니다.
테오도르는 긴 생애에 걸쳐 사하라 사막을 120번 이상 탐험했고,
무더위와 얼음처럼 차가운 밤공기 속을 오래도록 걷고 또 걸었습니다.
사막에 대한 끝없는 관심은 인간의 거주지에서 테오도르를 멀어지게 했고,
그 대신 잊힌 조상의 발자국을 따라 걷게 했습니다.
테오도르는 사막을 걸으며 암석, 식물, 화석 및 전설의 운석을 찾아다녔습니다.

10년 동안, 사하라 사막을 여섯 번이나 가로지르며 테오도르는 수천 킬로미터를 걸었습니다.
그렇게 긴 거리를 걸으면서도 몸이 아프거나 몹시 지쳤을 때만 단봉낙타에 올랐습니다.
걷는 동안 테오도르는 암석과 화석, 식물과 곤충을 채집했습니다. 사막에도 생명은 있기 때문입니다.

테오, 힘들면 언제든 타. 그래서 내가 있는 거야!

테오도르는 사막에서 그때만 해도 아직 세상에 알려지지 않았던 다양한 식물 종과 동물 종을 가져왔습니다.

동물 130종, 식물 35종

모노디엘라 냉이

여행 중 2만 677개의 표본 채집

또한 동물을 보호하고 이들에게 영향을 미칠 다양한 요인에 맞서 투쟁했습니다.

핵무기 공격 반대

테오도르는 대단한 몽상가이기도 해서, 하늘에서 거대한 물체가 떨어져 모리타니 사막에 숨어 있다는 말을 듣고 곧바로 찾으러 나섰습니다.

좋아, 시작해 보자!

당시 서른두 살이었고 찾은 건 없지만, 기회만 되면 다시 사막에 갔습니다.

여든다섯 살이 되어도 포기하지 않던 그는, 마침내 운석 이야기가 전설이라고 인정합니다.

여전히 흥분되는걸!

아흔여섯 살에 마지막 사막 탐험을 할 때도, 테오도르는 언제나처럼 경이로움을 느꼈습니다.

사막의 아름다움에 어떻게 무심할 수 있을까?

끝없는 지평선과 우회 없는 여정, 야영, 보기 드문 생명체 등, 사막에는 자유 혹은 단순함으로 표현되는 특별한 매력이 있지.

# 메하리*

### 모래, 모래… 그리고 자갈!

우리는 사하라 사막을 생각할 때 먼저 끝없이 펼쳐진 모래 언덕을 상상합니다. 맞긴 하지만, 그보다 더 자주 마주치는 것은 바위와 자갈입니다. 사하라를 탐험하는 동안 테오도르 모노는 여러 고원과 산을 가로질렀고, '레그'라는 돌만 있는 끝없는 풍경과 마주했습니다.

발목을 다치지 않게 조심해야지!

### 사막의 배

테오도르 모노가 더위와 건조한 기후에 잘 맞설 수 있었던 건 단봉낙타와 함께한 덕분이었습니다. 커다란 몸에 곱슬곱슬한 털을 가진 이 초식 동물은 사막의 챔피언입니다! 낙타는 물을 마시지 않고도 여러 날을 견디고, 급격한 기온 상승도 이겨냅니다. 그러다가 목적지에 도착하면 그늘에 앉아서 쉬고, 1백 리터 가량 물을 마시며 수분을 공급합니다.

나는 사막의 왕이야!

### 거대한 녹색 벽

사하라 사막은 뜨거운 사막 중 가장 크며, 나날이 면적이 넓어지고 있습니다. 남쪽에 있는 사헬 지역도 말라가고 있으며, 기온 상승으로 상황은 더욱 나빠지고 있습니다. 하지만 이 지역 국가들이 단결하여 녹색의 거대한 벽을 만들었습니다. 식물군으로 뒤덮인 이 초록색 띠는 약 8천 킬로미터에 달합니다.

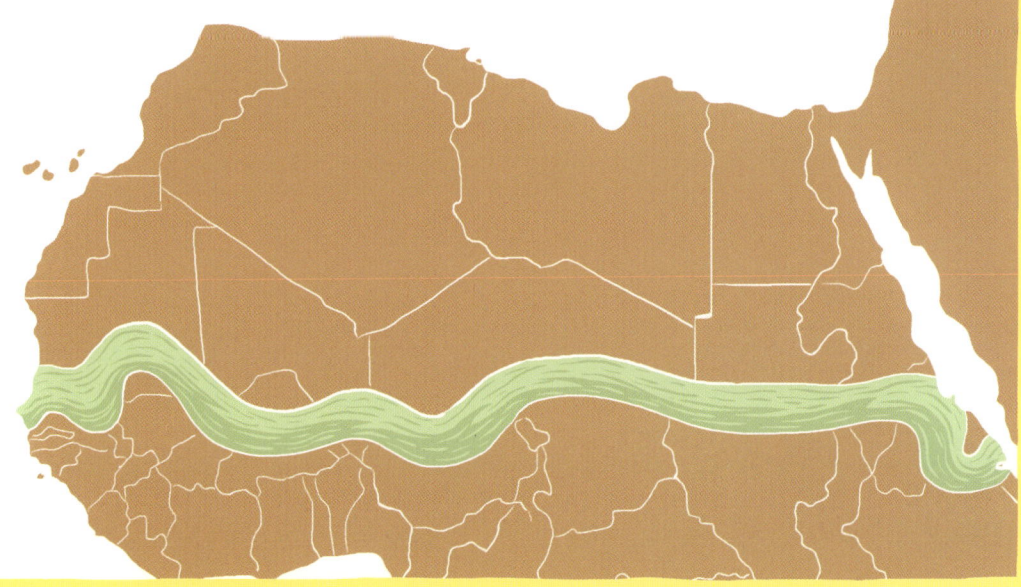

* '낙타 여행'이란 뜻으로, 테오도르가 사막을 여행한 후에 쓴 책의 제목임

# 폴 에밀 빅토르
## 북극 사람들의 친구
### (1907~1995)

위대한 여행가이자 탐험가인 폴 에밀 빅토르는
극지방에 사는 이누이트의 삶을
누구보다 잘 이해할 수 있게 해 주었습니다.

20세기 중반까지만 해도 세계 여러 지역은 아직 알려지지 않은 채
남아 있었습니다. 북극권과 그곳 사람들도 그러했고,
거대한 얼음 사막이 둘러싼 남극 대륙도 마찬가지였습니다.
폴 에밀 빅토르는 극지방의 탐험에 삶을 바쳤고,
이누이트를 이해하고 보호하기 위해 그들과 함께 생활했습니다.
또한 수십 번에 걸쳐 극지방을 탐험하며 환경 보호에 앞장섰습니다.

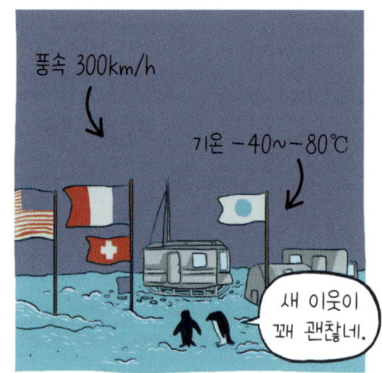

## 폴 에밀 빅토르가 본 그린란드의 주민들

# 데이비드 애튼버러 경
## 영국의 자연학자

데이비드 애튼버러는 자연을 사랑한 훌륭한 이야기꾼입니다.

1926년에 태어난 데이비드 애튼버러는 영국의 유명한 자연학자입니다.
데이비드는 어린 나이에 동물에 대한 첫 번째 보고서를 작성했습니다.
열대 우림에서 극지방에 이르기까지 지구를 끊임없이 탐험했고, 여러 세대에 걸쳐
수많은 관중과 독자에게 야생의 삶에 대한 자신의 열정을 전파했습니다.
오늘날까지 종의 진화와 자연의 경이로움에 관해 그보다 잘 설명해 준 사람은 없습니다.

1960년대 말, 데이비드는 지구의 생명 다양성을 주제로 한 중요한 텔레비전 프로그램을 맡습니다.

이후 자신만의 영화를 찍기 위해 BBC를 떠납니다.

데이비드는 자연만 보여 준 게 아니라 자신의 놀라운 이야기도 들려주었습니다.

방송 프로그램과 자연 다큐멘터리를 녹화하려면 큰 인내심과 기술적 노력이 필요합니다. 하지만 어디든 집처럼 생각하는 데이비드 덕분에 결과는 놀라웠습니다.

다양한 삶의 방식과 환경에 완벽하게 적응하는 동물의 모습은 놀랍기만 합니다. 하지만 생태계 교란은 이들을 위험에 빠트리고 있습니다.

데이비드는 명망 높은 학계의 일원으로 여러 상을 받았고, 1985년에는 여왕으로부터 작위를 받았습니다!

이때부터 데이비드 애튼버러는 자신의 영화에서 파괴된 숲과 지구의 다양한 생태계를 보여 주기 시작했습니다. 그리고 인간이 어떻게 하면 자연과 조화롭게 살아갈 수 있는지 해법을 찾고 물었습니다.

# 다른 모험가들

## 회색 올빼미, 앞선 시각을 가진 생태학자

데이비드의 형제인 리처드 애튼버러는 영화 〈그레이 올〉에서 아치볼드 벨라니의 삶을 이야기합니다. 1888년에 태어나 캐나다로 이주한 이 영국인은 자기 자신을 아메리카 인디언이자 '회색 올빼미'라고 불렀습니다. 데이비드와 리처드는 어릴 적, 아치볼드 벨라니의 말에 큰 영감을 받았습니다. 리처드는 1930년대에 동물과 자연 보호에 관한 도서 및 강연으로 유명해졌습니다.

실제 인물

영화 재킷

## 니콜라스 윌로의 여행

니콜라스 윌로는 프랑스의 데이비드 애튼버러입니다! 정치인이 되기 전까지 니콜라는 정말 무모한 사람이었습니다! 니콜라는 텔레비전 쇼와 익스트림 예체능 잡지 《우수아이아》를 통해 세상에 알려졌습니다. 1990년대만 해도 아름다운 자연 경관을 배경으로 곡예를 벌이며 말하는 니콜라의 모습을 볼 수 있었습니다.

극한 조건에서 방송 프로그램 진행

다방면의 호기심!

# 다이앤 포시
## 고릴라를 사랑한 동물학자
### (1932~1985)

# 고릴라! 화를 잘 내고 난폭한 이 덩치 큰 짐승의 삶이 이토록 흥미로울 수 있을까요?

셋 하면 '치즈'!

1966년, 한 미국 여성이 동아프리카 르완다의 어느 산속에 자리를 잡았습니다.
이 여성은 사람들이 이제껏 제대로 관찰해 본 적 없는
고릴라 친구들을 찾고 있었고, 마침내 다툼 없이
아무 데도 다치지 않고서 고릴라들의 친구가 되었습니다.
이후 이 여성은 고릴라 사회에 대해 놀라운 발견을 합니다.
그리고 결국 이 평화로운 거인에게서 큰 지혜를 얻습니다.

용감한 다이앤 포시에게 진짜 위험은 고릴라가 아니었습니다.
고릴라와 다이앤에게 진짜 위협이 되는 것은 밀렵꾼이었습니다.

고릴라의 행동 유형에 관한 지식을 바탕으로 인내심 있게 기다린 덕분에 다이앤은 고릴라의 친구가 되었고, 매우 좋은 관계를 유지할 수 있었습니다.

수많은 시간을 관찰하면서 딱 한 번 공격을 받았는데, 그때에도 다치지는 않았어!

## 어슬렁거리는 밀렵꾼들

다 큰 고릴라는 죽임을 당한 후 살과 가죽이 팔려나갑니다. 고릴라의 손과 머리는 사냥꾼의 전리품이 됩니다.

고릴라 손으로 만든 재떨이
(1970년대에 매우 유행함)

오늘날에도 밀렵꾼은 고릴라 새끼를 잡아서 팔고 있습니다.

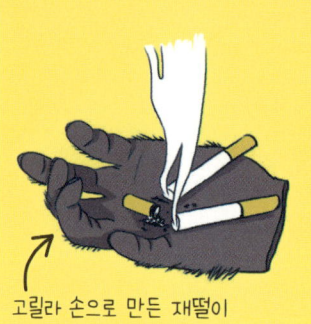

다이앤 포시는 밀렵꾼에게 맹렬히 저항했습니다. 다이앤은 고릴라를 보호하기 위해서라면 무엇이든 할 준비가 되어 있었습니다.

모두 내 산에서 나가!

다이앤은 관광 또한 반대했고, 삼림을 지키기 위해 돈을 모았습니다.

# 다이앤 포시의 유산

1967년, 다이앤 포시는 고릴라 연구 센터를 최초로 세웁니다. 다이앤의 관찰 덕분에 우리는 고릴라가 어떻게 관계를 맺고 삶을 유지하는지 이해하게 되었습니다. 1983년에 나온 책 《안개 속의 고릴라》에서는 다이앤이 연구해 발견한 내용이 이어집니다.

누구나 '국제 고릴라 협회'에 기부할 수 있습니다. 기부금은 고릴라의 행동에 관한 과학 연구와 이들의 보호를 위해 쓰입니다. 이 협회는 1978년, 다이앤이 가장 좋아하던 고릴라가 밀렵꾼에 의해 죽임을 당한 이후에 만들어졌습니다.

하지만 다이앤은 동물 밀매와 관광 산업에 맞서 열정적으로 투쟁하다가 1985년 12월 26일, 살해되었습니다.

### 제인 구달과 비루테 갈디카스

몸집이 큰 원숭이를 존중하고 이들에 대한 인식을 좋게 바꾸는 데 크게 이바지한 다른 여성들도 있습니다. 제인 구달은 탄자니아의 침팬지 연구에, 비루테 갈디카스는 보르네오의 오랑우탄 연구에 큰 공을 세웠습니다(93쪽 참고).

# 제인 구달
## 침팬지의 어머니

# 제인 구달은 침팬지에 대한 우리의 시각을 바꾸어 주었습니다!

"이 원숭이들에게서 지혜를 배우고 싶어!"

웬만한 성격으로는 아프리카의 숲에서 예측하기 어려운 일을 겪으며 야생 침팬지와 함께 살 수 없습니다. 하지만 1934년, 영국에서 태어난 제인 구달은 자신이 무엇을 원하는지 잘 알고 있었습니다! 제인은 먼저 케냐로 떠나는 여행 비용을 모았습니다. 그리고 케냐와 이웃한 나라 탄자니아에서 영광스러운 운명의 삶을 살아갑니다. 제인은 그곳에서 30년간 침팬지를 관찰했습니다. 덕분에 우리는 침팬지와 우리가 얼마나 닮았는지 잘 압니다. 침팬지에게 예전보다 많은 관심을 기울이게 되었고, 마침내 그들을 존중하게 되었습니다.

# 평화의 심부름꾼

### 제인 구달 연구소

제인 구달 연구소의 회원들은 동물 보호뿐 아니라 인간도 지원합니다. 전 세계 약 60개국에 있는 각 지역 단체들은 자연 보호, 교육, 지속 가능한 개발 등 각자에게 맞는 프로젝트를 골라서 수행합니다.

**1. 연구**
제인 구달의 연구에 이어 원숭이의 행동에 관한 연구는 아프리카에서 계속되고 있습니다.

**2. 보호**
야생에서 사는 침팬지를 보호하기 위한 프로그램을 만들어 실행합니다.

**3. 전개**
침팬지 서식지 가까이에 사는 사람들을 도와 경제적 발전과 숲의 보호를 위한 방법을 세우고, 밀렵에 맞서 투쟁합니다.

**4. 교육**
환경 보호와 생물 다양성의 존중에 관한 교육 프로그램이 전 세계 아이들을 대상으로 실행되고 있습니다.

### 2002년, 유엔 평화 유지군으로 임명된 제인 구달

제인은 우리가 유인원과 얼마나 가까운 사이인지 보여 주었고, 전 세계를 여행하며 지속 가능한 개발 정책과 교육을 장려했습니다. 또한 자연 보호를 위해 노력한 자신의 삶과, 직접 방송하고 있는 〈호프캐스트〉와 같이 세상에 희망을 심어 주는 팟캐스트를 알리고자 여러 권의 책을 썼습니다.

영국 여왕에게서 대영제국 훈장을 받음

제인의 삶과 연구에 관한 다큐멘터리 2편

출간 도서 12권 중 5권은 어린이 도서

18개가 넘는 상 수상!

# 폴 왓슨
## 환경 운동가

1950년에 태어난 폴 왓슨은 캐나다의 항해사이자 환경 운동가입니다.
폴은 해양 보호를 위한 직설적이고 거칠은 행동으로 유명해졌습니다.
그린피스의 초기 회원이었다가 그곳을 떠난 이후에는,
자신의 회사를 세워 배를 타고 고래잡이와 상어잡이 배를 주저 없이 공격하고 있습니다.
폴은 현대판 해적일까요? 아니면 동물과 바다의 은인일까요?

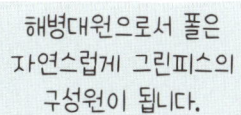

# 플라넷 아마존

플라넷 아마존은 2012년에 세워졌고, 폴 왓슨과 아주 가까운 관계입니다. 조직원들은 아마존 숲과 주민들을 보호하기 위해 아마존강에 건설될 거대한 댐 프로젝트에 맞섰습니다. 오늘날, 이 조직은 숲으로 우거진 아마존을 개발하지 말라고 국제 사회에 꾸준히 요구하고 있습니다.

## 주요 활동

1. 산림 파괴와 기후 변화의 악화에 대한 책임을 시민에게 묻습니다.

2. 환경과 원주민의 권리에 대한 존중이 모든 프로젝트의 기반이 되도록, 기업과 경영진에게 책임을 지웁니다.

3. 숲을 보호하고 황폐한 삼림 지대를 회복시키는 자주적 행동을 지지합니다.

4. 원주민들이 목소리를 내고, 그들의 말에 세계가 귀 기울이도록 지원합니다.

# 3
# 삶을 바친 사람들

# 반다나 시바
## 레지스탕스 운동의 씨앗

반다나 시바는 부자들의 절대 권력에 맞서고,
자연과 인간의 관계 회복에 앞장섭니다.

인도인 반다나 시바는 대안 세계화주의자입니다!
반다나는 전 세계에 걸쳐 농업과 상업의 변화를 꾀하기 위해 투쟁합니다.
그렇다면 반다나의 적은 누구일까요?
그들은 바로 전 세계 인구의 1퍼센트에 해당하는 부자들입니다.
반다나는 세계 곳곳에서 벌어지는 불평등한 농업 생산 시스템에 반대합니다.
생태계와 인간의 삶을 풍요하게 했던 전통을 뒤흔들고 위협하기 때문입니다.

반다나에게 숲의 파괴—차와 같이 현지인이 먹을 수 없는 작물로 숲을 대체하는 행위—는 화학 비료의 사용으로 자연과의 관계를 끊는 동시에 공동체의 이익을 외면하는 것입니다.

우리가 자연의 주인이라는 생각은 환상에 불과해.

농부들에게 유전자 변형 씨앗과 살충제 등을 만들어 파는 거대 농업 기업에 맞서, 반다나는 현지에서 자연 생산되는 종자를 보호하는 운동에 앞장섰습니다.

씨앗을 사지 말고 당신의 것을 지키세요!

반다나는 사회 연결망을 통제하는 기업과 상황을 악화시키는 인터넷 상거래를 비판합니다.

또한 인도 여성들을 보호하고, 그들이 자국 발전에 더 많이 이바지하도록 돕습니다.

페이스북을 떠나서 진짜 친구를 사귀세요!

반다나는 인도에서 다양한 활동을 이어 나가며 틈틈이 책도 쓰고 있습니다.

또한 세계를 돌아다니며 강연하고, 농민과 농업을 지지하는 운동을 벌입니다.

인간을 제외한 다른 어떤 종도 식량의 근원을 일부러 파괴하지 않아요. 똑똑하다고 믿은 채 이렇게 어리석은 짓을 저지르지는 않는다고요.

# 인도의 유기 농업에 대하여

### 에코 페미니즘

반다나 시바와 다른 환경 운동가들은 여러 국가에서 여성의 지위가 향상되지 않고는 자연과 우리의 관계를 개선할 수 없다고 생각합니다.
이렇게 생태학과 여성 해방을 합친 개념을 에코 페미니즘이라고 부릅니다!

### 제로베이스 농업

인도의 농부 수바시 팔레카르는 화학 제품을 사용한 이후로 생산량이 떨어졌다는 사실을 알았습니다. 숲의 생태학은 수바시에게 많은 영감을 주었습니다. 수바시가 개발한 '제로베이스' 퍼머컬처*는 현재 인도에서 널리 교육되고 있습니다.

### 나브다냐 농장

반다나 시바는 살던 곳의 척박한 땅을 사서 비옥하게 만들었습니다. 반다나의 농장은 종자 은행이 되었고, 인도와 이웃 나라 농부들은 나브다냐 농장의 씨앗을 심고 다시 생산해 서로 바꿉니다.

*지속 가능한 농업

# 캐서린 테일러
## 그린피스 초기 활동가

1954년, 프랑스에서 태어난 캐서린 테일러는
그린피스의 유럽 초기 운동가입니다.

캐서린은 십 대 때부터 고래와 바다에 열광했습니다.
성인이 되자 그린피스에 들어가 조직원들과 함께 고래를 지키고,
해양 오염 및 삼림의 파괴를 막으며 핵 위험을 알리기 위해 투쟁했습니다.
1980년대에는 해양의 생태와 바다 포유동물을 연구하려고
공부를 다시 시작했습니다.

1971년 캐나다에 세워진 엔지오(비정부 국제 조직) 그린피스는 당시 소수 런던 시민만이 아는, 알려지지 않은 단체였습니다.

1978년 7월, 캐서린은 고래잡이에 반대하는 대규모 시위에 참여합니다.

이 운동은 1982년, 고래잡이배의 상거래에 마침표를 찍게 했습니다.

1984년, 그린피스가 벌이는 핵 실험 반대의 상징인 레인보우 워리어 호가 프랑스 정보국에 의해 뉴질랜드에서 침몰됐습니다.

그 일이 있고 난 뒤, 기부금이 한꺼번에 몰려들면서 그린피스는 큰 조직이 되었습니다.

100유로 더!

캐서린은 2000년대에 몇몇 상점 앞에서 벌인 가짜 패션쇼에 참가하여, 독성 염료 사용과 노동 착취 등 패션계에 숨겨진 어두운 면을 고발했습니다.

오늘날 은퇴 후에도 캐서린은 여전히 생물 다양성을 옹호하며, 젊은 세대의 동참에 기뻐합니다.

# 자연 보호

## 그린피스에서 활동하다

50년 동안 활동하며 45개의 운동에 참여한 캐서린 테일러는 다른 자원봉사자들과 함께 사람들의 사고방식을 바꾸고자 노력했습니다.

사무소 28개

전 대륙과 바다에 걸쳐 55개국에서 활동

배 3척, 조직원 3백만 명, 자원봉사자 3만 6천 명!

## 고래를 보호하다

사람들은 오랫동안 고래를 사냥해 왔습니다. 배를 타고 작살로 사냥하다가, 지금은 공장선(함대나 무기를 고치는 배)에서 대포를 사용해 사냥합니다. 1850년에는 고래의 개체 수가 수백만에 이르렀습니다. 그러나 한 세기가 지난 뒤, 거의 모든 종이 멸종 위기에 처했습니다. 오늘날에는 그린피스가 세계적으로 벌이는 운동의 영향으로 사냥 수가 많이 줄었습니다.

고마워, 친구!

## 핵 실험을 중단하다

그린피스의 첫 번째 작전은 1971년 알래스카에서 벌어질 미국의 핵 실험에 반대하는 것이었습니다. 이 저항으로 미국 정부는 이듬해 원자 폭탄 투하를 중단하기로 했고, 프랑스도 1974년에 같은 결정을 내렸습니다.

핵 실험 지역 한가운데로 나아간 그린피스 직원들

필리스 코맥 호

## 지구의 친구들

'지구의 친구들'은 1960년대 후반에 미국에서 탄생했고, 이후 빠르게 국제적 규모를 갖추며 1970년 프랑스에서 산업 기구를 만들었습니다. 이들은 환경 보호를 비롯하여 핵과 셰일 가스(퇴적암 층에 있는 천연가스) 개발에 반대하고, 사회적, 재정적 불평등에 저항합니다.

지구의 친구들과 함께하는 건, 문명을 위한 운동에 참여하는 거야. 자연이 우리가 사용하는 에너지의 근원이자 균형 있는 삶을 위해 꼭 필요한 존재라는 걸 인식하는 거지.

# 브누아 비토
## 자연 농부

브누아 비토처럼 점점 더 많은 농부가
화학 제품과 기계를 사용한 농업을 포기하고,
다른 방식으로 농작물을 얻고 있습니다.

브누아 비토(1967년생)의 농장은 샤랑트-마리팀 평원에 있는
이웃 농장들과 다릅니다. 브누아의 밭은 밀이나 그 외의 다른 곡물로
단조롭게 덮여 있는 대신, 꽃과 재배 식물이 공존하고 염소와 소가
자유롭게 노닐며 풀을 뜯는 곳입니다. 이는 화학 제품이나 지나친 물 주기가
필요하지 않으면서도 수확량이 우수한 친환경 농업으로, 우리가 추구해야 할
미래의 농업입니다!

브누아 비토는 마흔 살에 농부로서의 정체성을 찾기 전, 대규모 농장에서 일했습니다.

"저렇게 하다가는 큰일 나지!"

시간이 흐르고, 브누아는 대규모 농업 시스템이 자연에 반하는 것이며, 다른 방식으로 식량을 재배해야 한다고 깨달았습니다.

## 답은 농업 생태학!

농업 생태학은 단지 친환경 농업만을 가리키지 않습니다.

농업 생태학은 화학 비료 없이 농사짓는 기술을 가진 남녀를 고용하기 때문에 사회 참여적입니다.

"우린 독성 물질을 사용하지 않아!"

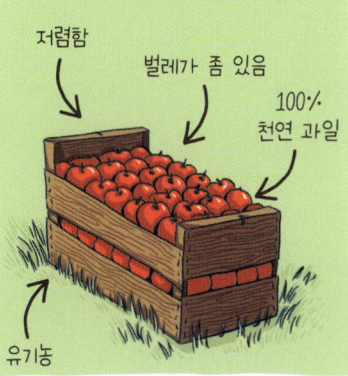

또한 경제적입니다. 대규모 농기구와 화학 제품이 빠지면, 농산물은 소비자에게 더욱 저렴한 가격으로 공급됩니다.

저렴함 / 벌레가 좀 있음 / 100% 천연 과일 / 유기농

서로 다른 식물을 한데 심으면 농작물은 더 잘 자랍니다. 또한 밭 가운데 나무를 심으면, 물을 절약하고 농작물의 수익성도 높일 수 있습니다.

더는 땅을 갈아엎거나 살충제를 뿌릴 필요도 없습니다. 토양은 외부의 방해 없이 잠재력을 최대한 발휘합니다. 생물 다양성을 이용한 농법은 농작물을 기생충과 질병으로부터 보호하는 데에도 큰 효력이 있습니다.

"생물 다양성, 그건 바로 우리라고!"

# 미래를 위한 친환경 농업

### 환경 오염 없이 우리를 먹여 살리는 퍼머컬처

퍼머컬처란 외부 첨가물 없이 식물을 자연 친화적으로 재배하는 것을 말합니다. 퍼머컬처 농법은 퇴비와 동물의 분뇨를 사용합니다. 토양을 풍요롭게 하는 식물을 기르고, 생물 다양성을 강화합니다.

### 온난화에 맞선 지구와 식물의 연합

새 농부들은 그들의 땅을 벌거벗은 채로 두지 않습니다. 벌거벗은 땅은 탄소를 배출하고 지구 온난화를 악화시키기 때문입니다. 반대로, 초목으로 덮인 땅과 소는 식물이 탄소를 끌어들이도록 돕습니다(단, 소가 잔디를 너무 밟지 않도록, 한 장소에 오래 두지 않아야 합니다).

마음껏 먹어. 좀 있다가 이동할 거야!

### 사막을 푸르게 하는 농업 생태학

호주인 제프 로튼은 극도로 건조하고 메마르며 염분이 많은 요르단의 사막에서 공기 중에 있는 소량의 물을 모으는 방법을 찾아냈습니다. 그 뒤로 제프는 조금씩 나무를 심어서 나뭇가지와 낙엽으로 비료를 만들었습니다. 오늘날 그곳은 더는 사막이 아니며, 수많은 과일을 수확하고 있습니다.

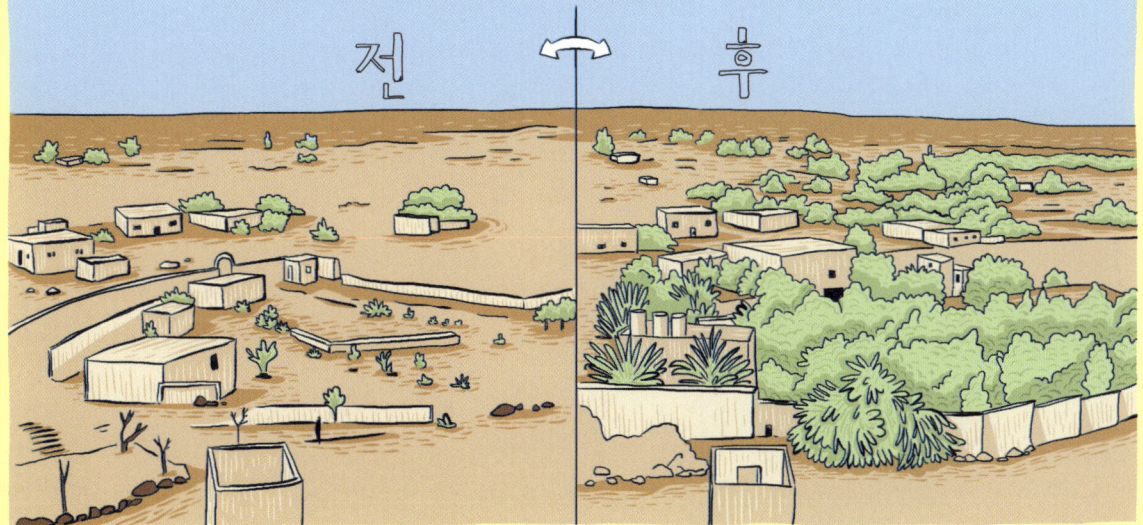

전 ⇆ 후

# 클레르 누비앙
## 심해 생물 지킴이

## 바다 깊은 곳에 사는 친구

어린 시절, 클레르 누비앙은 부모님과 함께 북아프리카와
아시아, 아메리카를 여행했습니다. 이후 여행을 계속하면서
클레르는 자연과 동물을 주제로 영화를 만들었습니다.
또한 지구상에서 가장 큰 생태계인 심해에 열정을 가졌습니다.
하지만 깊이 2천 미터가 넘는 이 미지의 해저 세계는 이미 산업화한
어업으로 파괴될 위협을 받고 있습니다.

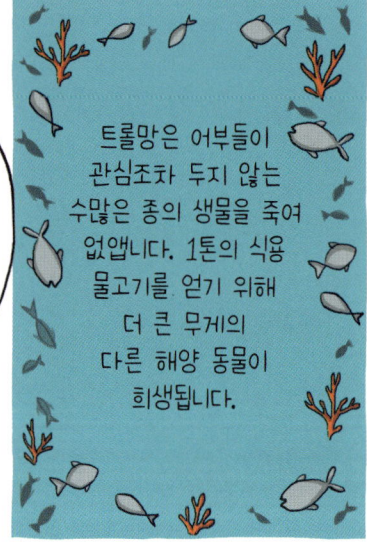

# 바다의 수호자

### 해양 생물을 보호하는 블룸 협회

클레르 누비앙이 세운 블룸 협회 덕분에 2016년부터 유럽 연합은 트롤망을 사용한 어업을 모두 금지했습니다. 이어 2019년에는 전기 어업도 금지했습니다. 전기 어업은 물고기가 그물에 걸리기 전, 전기 충격을 가해서 정신을 잃게 만듭니다.

전기 어업 선박

### 티투안 베르니콧, 태평양의 산호초를 더 건강하게 하다

열대 기후의 해수면 가까운 곳에는 생명으로 가득한 산호가 군락을 형성합니다. 그러나 오늘날 산호 군락은 온난화와 공해로 전부 시들어 가고 있습니다. 티투안 베르니콧은 바다의 정원사처럼 생명력이 강한 종을 골라 어린 산호를 키운 후, 적당한 크기로 자란 산호를 살기 좋은 곳으로 옮겨 심습니다.

# 브라이언 폰 헤르젠
## 거대 해조류를 가꾸는 과학자

브라이언 폰 헤르젠의 갈조류 숲은 지구 온난화를 줄이고,
더 많은 생명체가 바다에서 살 수 있도록 도와줍니다.

이 모험의 주인공은 마크로키스티스라고 불리는 거대한 갈색 해초입니다.
마크로키스티스는 키가 나무만큼 자라지만, 성장 속도는 나무보다 훨씬 빠릅니다!
미국 공학자인 브라이언 폰 헤르젠은 이 해초가 바다의 건강을 되찾게 한다는 사실을 알았습니다.
실제로 마크로키스티스는 해저에 울창한 숲을 형성해서 생물 다양성의 회복에 도움을 줍니다.
또한 대기를 뜨겁게 하고 바다를 산성화하는 이산화탄소를 일부 제거합니다.

이렇게 계속하다가는 바다는 죽을 거야!

기후 변화와 환경 오염으로 바닷물은 따뜻해지고 산성화되었습니다.

물고기, 조개, 산호가 사라지고, 바다는 사막이 될 위험에 처했습니다.

브라이언 폰 헤르젠과 같은 과학자들은 이러한 사실을 알고는

깊은 우울감에 빠졌습니다!

하지만 과학자들은 해조류가 이산화탄소를 흡수한다는 사실을 알아냈습니다. 이산화탄소는 공해와 지구 온난화를 일으키는 원인 중 하나입니다.

거봐, 우리가 뭐라고 그랬어?

'켈프'라고도 불리는 마크로키스티스는 효력이 뛰어납니다. 이 해초는 해안과 가까운 곳에서 일주일에 무려 3미터 이상 자랍니다!

켈프가 자라려면 뿌리를 내릴 땅이 필요합니다. 이것은 브라이언에게 고민거리였습니다. 해초를 키우고자 한 곳이 지반이 매우 깊고 빛이 전혀 들지 않는 해저였기 때문입니다. 사실, 빛이 없으면 해조류는 죽고 맙니다!

게다가 심해는 엄청 어둡다고.

## 도전 1번

먼저, 해수면 위로 떠다니는 사르가소해의 해조류를 떠올려 보면 어떨까요? 이 해조류는 늘 해수면 가까이에 있어서 빛이 부족하지 않습니다.

해조류를 지면과 빛으로부터 멀리 떨어진 바다 한가운데에서 자라게 해 봅시다.

## 도전 2번

미네랄을 다시 떠오르게 해 봅시다.

미네랄은 주로 심해에서 나옵니다. 하지만 지금은 온난화로 인해 미네랄이 해수면으로 잘 떠오르지 못해, 해조류가 자라는 물에 양분이 부족합니다.

질소, 칼륨…

브라이언은 이 두 가지 과제를 해결하려고 '떠다니는 시설'을 개발했습니다.

브라이언의 해결책은 펌프에 있습니다. 펌프는 수심 100~450미터 사이에서 바닷물을 관으로 끌어올립니다. 끌어올려진 차가운 물은 해조류의 성장에 큰 도움이 됩니다.

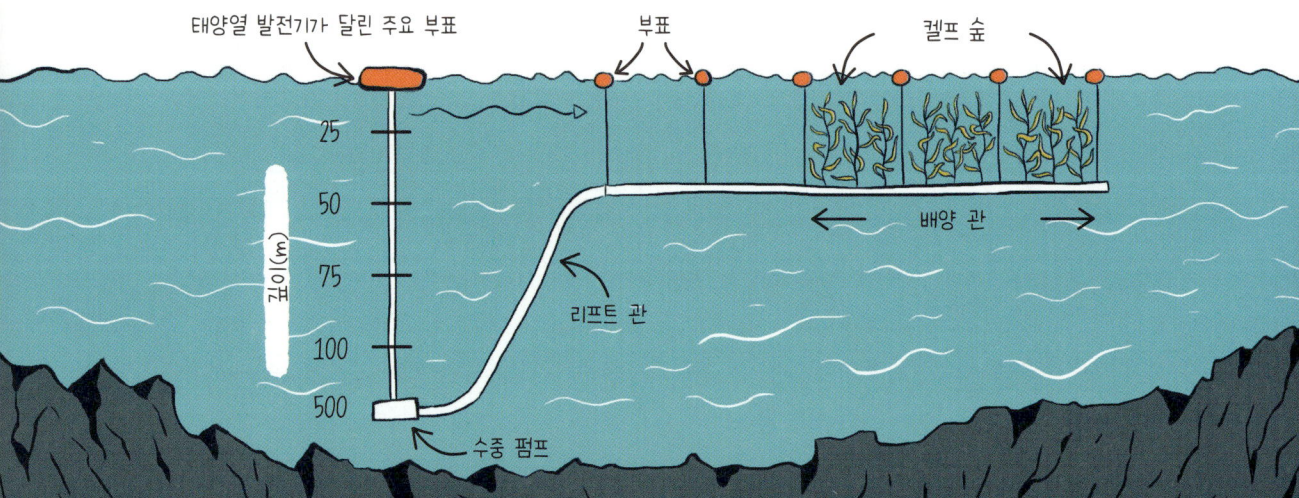

최초의 떠다니는 숲은 하와이와 인도네시아 섬 앞바다에서 자라고 있고, 다른 숲도 현재 개발 중입니다.

우리도 서핑을 할 수 있겠지!

해조류는 놀랄 만큼 다양한 해양 생물을 끌어당기고 이들에게 영양을 공급합니다. 우리는 이 해조류를 수확해서 식량, 비료, 또는 바이오 연료로 만들 수 있습니다.

## 기후와 생물 다양성을 위하여

브라이언 폰 헤르젠은 2007년에 기후 재단을 세웠습니다. 재단 구성원들은 바다를 재생하고, 지구의 생물 다양성을 보존하고, 기후 변화를 막으며, 지구를 풍요롭게 만들기 위해 전 세계에 걸쳐 수많은 프로젝트를 진행하고 있습니다.

### 기후 재단의 몇 가지 활동

 해조류의 퍼머컬처 (121쪽 참고)

 희게 변해서 죽어가는 산호 되살리기

 이산화탄소를 다량으로 흡수하는 식물인 아졸라 재배

 볏짚을 태워서 천연 비료 만들기

 이산화탄소를 제거하는 비료 석탄인 바이오차르 사용

# 롭 그린필드
## 자발적 단순주의자

# 어떻게 하면 더 적은 것으로 더 잘 살 수 있을까요?

여기 세계를 놀라게 한 미국인(1986년생)이 있습니다.
롭 그린필드는 쓰레기통에서 음식을 주워 먹고, 쓰레기를 입고 다니며,
자전거를 타고 미국을 횡단하는가 하면, 신발을 신지 않고, 빗물로 몸을 씻습니다.
롭은 이 모든 일을 자발적으로 합니다!
또한 소셜 네트워크에 자신이 한 일을 올려서 우리가 다르게 살 수 있음을 보여 줍니다.
롭은 자연의 혜택에 감사하고 덜 소비하며 살라고 말합니다.
롭에게 있어 행복해지는 최고의 방법은 적은 양에 만족하는 것입니다!

롭은 이동 수단으로 자전거만 사용합니다. 플로리다의 빌린 땅에는 직접 나무로 작은 집을 지었습니다.

롭은 집세를 내지 않는 대신 이웃을 도와 텃밭에서 일합니다.

"텃밭은 단순하게 일궈야 해요."

단순함의 원리는 텃밭에도 적용됩니다.

롭은 땅을 파 엎지 않고 버려진 식물을 재활용합니다. 그늘이 필요한 식물과 잎이 풍성한 식물 등 서로에게 이로운 식물을 나란히 심기도 합니다. 이렇게 롭의 텃밭에서는 모든 식물이 외부 간섭 없이 자연스럽게 자라납니다. 이를 퍼머컬처라고 부릅니다.

롭은 텃밭 식물과 도심 공원에서 주운 음식을 먹고 생활합니다.

"자, 오늘은 뭐가 있을까?"

롭 그린필드의 집에는 수도꼭지가 없습니다. 롭은 빗물을 모아 마시고, 씻고, 청소하고, 식물에 물을 줍니다.

"물은 귀한 거야. 낭비하지 말아야 해!"

롭은 우리에게 물을 덜 소비하고, 물이 새는 배수관은 당장 수리하라고 말합니다.

**롭은 단순하게 사는 법을 선택했습니다.**

"나는 쓸데없는 것을 사려고 돈을 버는 대신, 내가 좋아하는 것만 하려고 단순한 삶을 선택했어."

모두가 롭처럼 살 수는 없지만, 우리에게 많은 영감을 줍니다. 그것은 바로 '자발적 단순함'을 선택하는 일입니다.

# 피에르 라비, 농부 철학자

피에르 라비는 프랑스에서 자발적 단순함을 따르는 이들 중 가장 유명한 사람입니다.
피에르는 롭 그린필드가 나타나기 50여 년 전에 이미 자발적 단순함을 실천했습니다!
피에르 라비는 이것을 '행복한 절제'라고 부릅니다.
단순함을 선택하고 자연에 가까이 살며 땅의 목소리에 귀 기울이는 그의 정신은,
많은 이들에게 모범이 됩니다.

생물학적이고 윤리적인 농업
경제의 재배치
변화의 중심에 선 여성들

경이로움을 배우는 교육
유토피아의 실현
휴머니즘의 실천
이성적 사유를 바탕으로 한 삶

# 페트로넬라 치굼부라
## 코끼리를 위한 전사

# 페트로넬라 치굼부라와 아카싱가는 짐바브웨의 야생 생활을 보호합니다.

소총으로 무장한 서른 살의 페트로넬라 치굼부라는 코끼리가 죽임을 당하지 않도록 아프리카의 덤불을 누비고 다닙니다. 이 짐바브웨 젊은이는 모두 여성으로 이루어진 아카싱가 방어군에서 가장 뛰어난 용사입니다! 이들에게는 두 가지 임무가 있습니다. 하나는 페트로넬라처럼 새로운 단원을 모집하고 훈련하는 일이고, 다른 하나는 아프리카 야생 동물을 지키고 잡힌 동물을 탈출시키는 것입니다. 이 일을 맡은 여성들은 거의 다 위기에 처해 있습니다.

# 아프리카의 다른 여성 지킴이들

## 남아프리카의 블랙 맘바스

블랙 맘바스는 공격적이고 재빠른 큰 뱀의 이름입니다. 이 뱀의 이름을 따서 2013년에 결성된 블랙 맘바스는 여성만으로 구성된 아프리카 최초의 단체입니다. 이 여성들은 사바나에서 밀렵꾼으로부터 사자와 코끼리, 코뿔소를 지킵니다.

## 케냐의 라이온스팀

이 지킴이는 마사이족 여성들로 이루어집니다. 이들은 케냐와 탄자니아 국경에서 야생 동물과 주민, 국립 공원을 지킵니다. 마사이 공동체는 그들이 자신들의 땅을 지키고 전통을 유지하도록 돕습니다.

# 보얀 슬랫
## 해양 청소부

보얀 슬랫은 1994년에 네덜란드에서 태어났습니다.
보얀은 발명을 좋아하며, 바다를 침범하는 수십억 톤의
플라스틱을 없애려고 계획을 세웠습니다.

이 목적을 이루기 위해, 보얀은 플라스틱을 거르는 데 사용하는
대형 깔때기와 같은 시스템을 설계했습니다.
또한, 플라스틱 쓰레기 문제가 발생하는 원인에 접근해서,
바다로 흘러드는 강을 청소하는 방법을 개발했습니다.

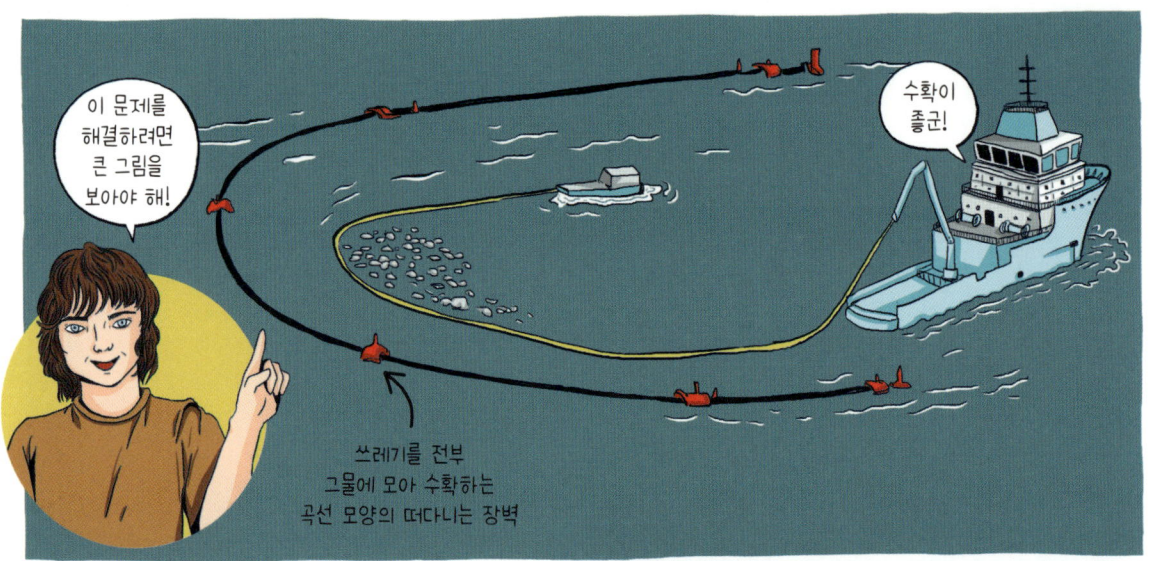

# 대청소

### 오션 클린업

자신의 계획을 실행에 옮기기 위해 보얀 슬랫은 돈을 모으고 팀을 모집하여, 산업 파트너를 찾는 조직인 오션 클린업을 세웠습니다.

## 오션 클린업의 몇 가지 활동

**1.** 바다와 강을 청소하는 기술을 발명하고 실제로 적용합니다.

**2.** 바다에서 떠다니는 플라스틱의 90퍼센트를 제거합니다.

**3.** 회수된 플라스틱으로 재활용품을 만듭니다.

### 씨 클리너즈

씨 클리너즈 프로젝트는 프랑스-스위스 항해사인 이반 부르농과 협력자들이 계획한 것으로, 보얀 슬랫을 도와 바다를 청소합니다! 이들이 만든 거대한 범선 '만타'는 쓰레기만 모으는 게 아닙니다. 만타는 플라스틱이 에너지로 바뀌는 공장이기도 합니다.

# 저자 소개

**글쓴이: 에릭 마티베** 생물학자이자 신경과학 박사입니다.
CNRS(프랑스국립과학연구원)에서 야생 동물의 행동과 어린이의 얼굴 인식을
주제로 연구했습니다. 1999년부터는 출판 에이전시 마티복스(Mativox)를 운영하고 있습니다.
열다섯 권의 책에 과학 자문 위원과 저자로 참여했고, 잡지 편집자이자 강연자,
대학 강사로도 활동합니다. 쓴 책으로 《동물 아틀라스》, 《공룡》,
《ZOOM 동물백과 세트(전4권)》 등이 있습니다.

**그린이: 마를렌 노르망드** 파리에서 태어났습니다.
그래픽을 배운 후, 출판사에서 예술 분야 책임자이자 만화가로
일하고 있습니다. 자연을 열정적으로 사랑합니다.

**옮긴이: 지연리** 한국과 프랑스에서 서양화와 조형 미술을 공부했습니다.
《북극 허풍담》 시리즈, 《숲은 몇 살이에요》, 《뿔비크의 사랑 이야기》,
《북극에서 온 남자, 울릭》, 《오늘도 살아내겠습니다》, 《두 갈래 길》 등의 도서를
우리말로 옮겼습니다. 《우리는 그렇지 않아》, 《파브르 곤충기》 시리즈,
《2022 여름 우리나라 좋은 동시》, 《작은 것들을 위한 시》, 《내가 혼자 있을 때》 등
다수의 도서에 삽화를 그렸고, 쓰고 그린 책으로 《파란 심장》,
《자기가 누구인지 모르는 코끼리 이야기》가 있습니다.

 우리 함께 읽어요

## 자연과 우리

### 우리가 꼭 알아야 할 생물다양성 그림 백과
로라나 지아르디, 스테판 반 잉겔란토, 알랭 세르 글 | 자우 그림 | 이주희 옮김

**알면 사랑하게 되고, 사랑하면 행동할 수 있게 됩니다!**
아이들의 미래를 위해 지구별의 아름다운 생물다양성을 지키는 일은 우리 모두 관심을 가지고 실천해야 합니다. 전 세계 총 32곳의 풍경과 기후를 소개하면서, 각 지역에 살고 있는 141종의 멸종 위기 생물에 대하여 안내하는 멋진 그림책.

### 신비로운 곤충 박물관
프랑수아 라세르 글 | 안 드 앙젤리스 그림 | 권지현 옮김

**곤충을 사랑하는 박물관장님이 들려주는 평범하고도 특별한 곤충의 모든 것**

곤충을 너무나 사랑하는 박물관장님은 곤충들을 아주 잘 알고 있답니다. 그래서 재밌고 독특한 기준으로 곤충들을 분류해서 재밌는 전시실을 만들었어요. 박물관장님의 재치 만점 말투와 아름다운 세밀화로 가득한 곤충 박물관을 통해 곤충의 다양한 매력을 느껴 보세요.

## 환경 전사를 위한 실천서

### 이 책은 지구를 시원하게 해 줘요
– 오염을 줄이고 목소리를 높여 지구를 지키는 50가지 방법

이사벨 토마스 글 | 알렉스 패터슨 그림 | 성원 옮김

**지구는 계속 뜨거워지고 있어요!**

지식은 기후 변화에 맞서 싸울 가장 중요한 무기입니다. 기후 변화를 받아들이지 않는 사람들의 어리석은 주장에 맞서, 여러분이 과학 지식을 가지고 제대로 된 답을 내놓는다면 기후 변화를 막는 데 도움이 될 수 있습니다. 이 책은 지구에 대해 설명하고, 지구 온난화의 원인과 그 증거를 살펴보고, 기후 변화를 막을 수 있는 실천 방법을 상세하게 알려줍니다.

### 이건 쓰레기가 아니에요
– 플라스틱을 끊고 쓰레기를 줄이고 지구를 살리는 50가지 방법

이사벨 토마스 글 | 알렉스 패터슨 그림 | 성원 옮김

**플라스틱을 끊고 쓰레기를 줄이면서 시작되는 지구 회생 프로젝트!**

우리는 우리가 알지 못하는 사이 지구에 심각한 해를 가하고 있습니다. 지금부터 찬찬히 주변을 돌아보고 조심스레 지구를 살펴보세요. 여러분이 지구를 살릴 수 있는 재밌고, 쉬운 방법이 아주 많습니다. 빨대를 쓰지 않고, 반짝이를 사지 않은 것부터 플라스틱 없는 생일파티를 계획하는 일까지. 이 책을 통해 환경 히어로, 환경 어벤져스가 되어 보세요.